Trabajamos en la escuela

Sharon Coan, M.S.Ed.

Tenemos **trabajos** en la escuela.

Observa los trabajos que hacemos.

La maestra tiene una **tabla**.

Nos turnamos.

Una estudiante reparte las hojas.

Ayuda a la maestra.

Dos estudiantes **lideran** las filas.

Son líderes de las filas.

Tres estudiantes alimentan a la mascota.

Lo hacen feliz.

Cuatro estudiantes limpian las mesas.

Las lavan todas.

Cinco estudiantes guardan los libros.

Hacen que la biblioteca esté ordenada.

Tenemos trabajos en
la escuela.

Observa los trabajos que hacemos.

¡Dibújalo!

1. Piensa en los trabajos en tu escuela.

2. ¿Cuál es el trabajo que más te gusta?

3. Dibújalo.

Glosario

lideran: van al frente del grupo

tabla: una lista

trabajos: cosas que debes hacer

Índice analítico

¡Tu turno!

¿Qué tipo de trabajos realizas en tu escuela? ¿Por qué haces esos trabajos? Coméntalo.

gain
sail
main
nail
rain
hail
stain
pail
grain
Gail
All in a Row!
right
ring
the
this
thank
they
there
who
why
were
where
what
was

Asesoras

Shelley Scudder
Maestra de educación de estudiantes dotados
Broward County Schools

Caryn Williams, M.S.Ed.
Madison County Schools
Huntsville, AL

Créditos de publicación

Conni Medina, M.A.Ed., *Gerente editorial*
Lee Aucoin, *Directora creativa*
Torrey Maloof, *Editora*
Lexa Hoang, *Diseñadora*
Stephanie Reid, *Editora de fotos*
Rachelle Cracchiolo, M.S.Ed., *Editora comercial*

Créditos de imágenes: Tapa, pág.1 Blend Images/Alamy; págs.2, 16–17 Bob Ebbesen/Alamy; pág.11 Gabe Palmer/Alamy; pág.14 Golden Pixels LLC/Alamy; pág.8 Independent Picture Service/Alamy; pág.15 Jamie Pham Photography/Alamy; pág.3 Norma Jean Gargasz/Alamy; págs.4, 23 (abajo) Myrleen Pearson/Alamy; pág.5 Dean Mitchell/Getty Images; pág.12 FilmMagic/Getty Images; pág.22 Photo Researchers RM/Getty Images; Backcover, pág.24 Scholastic Studio 10/Getty Images; pág.10 Stockbyte/Getty Images; págs.13, 23 (arriba) Lexa Hoang; págs.6–7 Jane Rahman; pág.9 Stephanie Reid; todas las demás imágenes de Shutterstock.

Teacher Created Materials
5301 Oceanus Drive
Huntington Beach, CA 92649-1030
http://www.tcmpub.com

ISBN 978-1-4938-0437-5

Printed in China
51497